38道
喷香煲仔饭

38道 喷香煲仔饭

超人气好滋味的特色煲仔饭 ………………… 14

不可不吃的经典煲仔饭 ………………………… 35

目 录 CONTENTS

煲仔饭也可以很精致的喔！ …………… 76

煲饭最重要的主角登场

煲饭之所以美味，最大的功臣非"砂锅"莫属！砂锅是以陶土和沙高温烧制而成，具备受热均匀、保温持久、保留原味与耐长时间烹煮的特性，除了可以用来煲饭，还能用来煲汤、煲菜，甚至煮火锅，浑厚浓郁的香气可是金属锅做不出来的。拥有了一只好用的砂锅，只要你喜欢，随时都能轻松煲！

砂锅

◆砂锅的挑选◆

砂锅的种类很多，大小深浅都有不同的用途，以煲饭来说，应该选择浅盆锅最为适当。因为原料的陶土与制作技术都会对砂锅的品质有很大的影响，挑选砂锅时要注意锅身没有裂缝且形状浑圆均匀；可以轻敲锅身，若是声音清脆则表示品质较佳。锅盖也是选择时必须注意的，可以将锅盖盖上试着转动看看，锅盖若与锅身紧实相贴，则转动时应会是平滑的摩擦感。

砂锅是具有毛细孔的锅具，毛细孔越细致则越耐用。现在砂锅的制作技术都相当好，大致上来说即使是便宜的砂锅，只要保养得当都能使用很久。

小叮咛

现在的砂锅大多已经过细密处理，不像早期的砂锅那么粗糙，但花点功夫保养砂锅还是必要的。以洗米水养锅是流行已久的老招术，另外也可以用油来养锅。将新买的砂锅在第一次使用前用刷子在砂锅内涂上一层油，让毛孔吸收，再用小的火让油完全吸进去，熄火放凉后清洗干净即可。

◆砂锅的保养◆

　　砂锅美味的代价就在于"养锅"不易，新买回来的砂锅必须先将整个砂锅浸泡在水中一天，让新的干锅吸收充足的水分，再以洗米水煮过，让水中的淀粉将砂锅的细缝填满，这样就可以预防砂锅因为受热不均而破裂。用完的砂锅在清洗干净之后，要彻底地风干或擦干水分，如果短时间内不再使用，要用报纸包好才收藏；很久没用的砂锅要在取出来用之前先泡水一两个小时，让砂锅重新吸收水分，锅身才不会因为过干而增加破裂的可能。

　　虽然砂锅可以耐长时间烹煮，但是却不耐快速急遽的温度变化，尤其是局部的温度变化会因为锅身的一部分受到热胀冷缩的效应，使砂锅出现裂痕甚至破裂，因此使用砂锅时必须注意冷锅时不要用大火，砂锅煮好食物后也不能直接放在金属或冰冷的物品上，而应该放在木板或隔热垫上。若是砂锅出现小裂痕，只要裂痕不深，可以再一次以洗米水煮过，就可以将裂缝填补上。

　　砂锅有毛细孔，因此具有吸收性，容易吸收食物的味道，所以使用后一定要彻底清洁，若是因为长时间或大火煲而使锅身变黑，可以先浸泡在清洁剂或洗米水中一段时间再清洗，也可以在清洁剂中加点盐，这样更容易将油垢清除。陶土制的砂锅硬度较金属低，切忌用金属刷子或太硬的菜瓜布刷洗，否则容易刮伤表面而缩减砂锅的寿命。

小叮咛

　　砂锅长时间不用时用报纸包起来，这样可以帮助吸收湿气，锅子才不会因为潮湿而带有霉味。如果家里比较潮湿，还可以再放一些木炭在收藏砂锅的柜子里，或将砂锅和木炭一起包起来，防潮的效果会更好。

煲饭不可缺的配角——

煲饭可以随意变换组合各种材料，做出不同的感觉与味道，但有些不起眼的配角，也是煲饭美味的幕后功臣，就让我们先来认识这些不可缺的配角吧！

好吃煲饭的根本——

NO.1 配角 百种米、百种味

糯米

长纤米

在煲饭中，米可是万万不可少的，什么样的米可以让煲饭加分呢？

米的品种不同，煲出来的饭味道与口感也都不一样，白米中最适合拿来制作煲饭的是形状较细长的长纤米，煲出来的饭颗粒分明且具有略带透明的光泽，它的黏性小，口感最为爽口。以家中常见的煮饭米来制作煲饭口感适中，虽没有长纤米那么具有特色，但也不失为一个方便现成的选择。另外，进口的泰国香米也很适合用来煲饭，但它独特的香味并非人人都能接受，喜欢的人非它不可，而也有人对它的味道闻而却步。糯米是不适合单独用来制作煲饭的，因为它的黏性太强。完全以糯米煲饭口感会很黏糊，但是喜欢口感软一点的话，可以以混合的方式使用，例如在长纤米中加一点糯米，就能使口感软一点，且不会变得黏糊。

◆ 为煲饭营养加分 ◆

　　除了白米之外，没有经过精制的糙米、胚芽米，与目前市面上流行的各种营养添加米，还有像是五谷米这类的杂粮米都可以用来煲饭。即使没有太多的材料，只有简单的一小锅饭，营养就很充分了。用这些米煲饭时要注意泡水的时间与烹煮时的水量也要跟着调整，一般来说，除了添加营养成分的白米，因其特性与普通白米较相似而无需长时间泡水之外，其他大多都需要浸泡较长的时间，并添加较多的水量来烹煮，尤其是糙米，若没有充分的水量，口感可就相当硬了。

胚芽米

糙米

五谷米

小叮咛

　　煲饭的底层带点锅巴味道会更香，口感也更多变化，当钞锅中的的饭快被大火煮干水分时，沿着锅边均匀地倒点油，不一会儿就能听到锅中传出滋滋声，小火煮个5分钟就能做出好吃的锅巴了。想锅巴多一点的话，油就多放一点，煲出来的锅巴就会更厚。你可以随意调整油的分量，这不会影响煲仔饭的味道。因为油分都被锅巴吸收了，吃起来不会觉得油腻。不过这样有许多人因为锅巴好吃而不知不觉吃进过多的油，所以为了身体和健康着想。还是不要吃太多锅巴才好喔！

特 调 酱 油

香味的魔法师——

NO.2 配角 **酱 油**

具有发酵酿造酱香的酱油是与煲饭味道最搭配的调味料，它为煲饭增添了浓郁的香气与诱人的色泽，效果有如施了魔法一般！

◆善用各种调味酱油◆

煲饭的调味很简单，大多只有在腌材料的时候调味，除了酱油之外，烹煮的时候不再添加其他调味料。添加酱油是为了让饭具有咸味，同时让香味更浓郁，选用一般烹调用的酱油，直接淋在饭上味道比较咸，适合口味重的人；喜欢口味淡的人可以选择味道较清爽的各种现成调味酱油，像是柴鱼酱油等咸味较淡，味道也更丰富。

◆依口味，选择添加的2个好时机◆

时机
1
◆煲的时候添加◆

在煲饭快要好的时候淋上一点酱油，经过短时间加热烹煮之后，酱油的香味会与其他材料的香味融合，使整体的香味更香醇。如果所用的材料本身香味较淡，或是用新鲜材料制作时，较适合在煲的过程中添加酱油。

时机
2
◆食用时作为淋酱◆

除了在烹调过程中添加，比较传统的吃法是在煲饭上桌之后，趁热淋上酱油拌着吃，这样可以依个人的口味喜好斟酌分量。作为淋酱的吃法因为没有经过烹煮，酱油独特的酱香比较明显，味道也比较咸一点。当材料本身味道够的时候，例如腊味或是腌渍过的干货，就很适合这样的吃法。

◆自制调味酱油◆

【材料】

水 200ml、酱油 20ml、鱼露 10ml、美极鲜味露 5ml、盐 1/2 小匙、糖 1 大匙、鸡粉 1 小匙

【做法】

将所有材料放入大碗中调匀即可。

【用途】

可用煲饭或蒸鱼

从火开始认识
煲饭

煲饭除了火候的掌握之外便没有其他烹调技巧，看似简单却需要一点经验，才能准确地拿捏应该改变火候的时机。刚开始制作煲饭时不妨多作观察，多看看、多听听就能发现许多蛛丝马迹，即使不用开盖也能判断出该不该换个火候了。

◆大火快滚◆

米和水放入砂锅后一开始要先以大火快速地将水煮开，这是开始煲饭的第一步。这时最好要加盖，才能让温度更快升高，煮开的时间越短，米饭的口感越有弹性，颗粒的形状也越饱满漂亮。当砂锅内的水开始滚的时候，锅缘会开始冒出小水泡，此时就该转变火候了。

小叮咛

在小火慢煲的时候，有时因为锅大火小，锅底会受热不均，为了防止火力小且集中而使砂锅受热不均，可以稍微摇动砂锅，让不同位置都能均匀加热。如果是一人份的小砂锅，因为底部面积小，通常不会受热不均，但若是中型或大型的砂锅，则最好不要省略摇锅的步骤。

◆中火收干◆

当砂锅的锅缘冒出小水泡，表示锅中水已经滚了，此时应该改中火收干锅中的水分。若是还用大火煲，会使水分散失过快，水分干了米却还没完全熟透，就算继续加热，米心也不会熟透，反而会变得干硬。当锅中水分收干时，锅底会发出轻微的滋滋声，此时就应该开盖将腌好的材料铺入，再沿着锅缘倒入一些油，一方面避免锅底烧焦，同时也可以让米饭底部烧出一层锅巴。

◆小火慢煲◆

加了油之后就应该转小火，过一会儿就可以明显地听见锅底再次发出更大的滋滋声，这就是锅里正在煲出锅巴的声音，此时为了让位于上层的材料能熟透，同时让米饭充分吸收香气，所以要使用小火慢慢地煲。随着锅底的油被锅巴吸收，滋滋声会越来越小，一直到听不见。滋滋声的消失表油分已经完全被吸收了。除非添加的油量过少，否则此时材料应该差不多已经熟了，大约就可以熄火焖了，此时若再继续煲煮，锅底就会因为干烧而焦黑。

超人气好滋味的
特色煲仔饭

　　一锅色香味俱全的煲仔饭，基本做法其实很容易，相同的做法利用不同的材料，就是另一种风味；煲仔饭可未必一定要广式才好吃，地方口味的特色煲仔饭不但美味，还更加亲切呢！

煲饭的基本  8步骤

轻松记

1 泡米

2 腌材料

3 煮饭

4 大火煮开

5 中火煮至水分收干

6 铺入腌好的材料、淋上油

7 小火煮5分钟

8 熄或焖15分钟即可完成

小叮咛

除了酱油之外，蚝油也是另一个煲饭常用的调味料，不同的是蚝油多用于腌渍材料而不是加在饭里作为调味。蚝油本身除了咸味之外还具有鲜味，用作腌料更能增添滑嫩的口感。

榨菜肉丝煲饭

Zha cai rou si bao fan

材料
白米	155克（约量杯1杯）
肉丝	120克
榨菜丝	50克
红辣椒丝	1/4条
青菜	少许

腌料
生粉	1/2小匙
香油	1/2小匙
酒	1/2大匙

调味料
水	240克（约量杯1杯半略少）
油	1大匙

做法

1. 白米略洗净，泡水1小时后沥干；青菜洗净，切成适当大小后以滚水汆烫熟捞起。

2. 肉丝放入碗中加入腌料腌渍约30分钟，再放入榨菜丝及红辣椒丝拌匀。

3. 将做法1中泡好的米放入砂锅中，加水后加盖以大火煮开（若水满溢则将盖掀开或半开）。

4. 待做法3砂锅内水分烧干后转小火，开盖均匀铺上做法2腌拌好的材料。

5. 沿做法4砂锅内边淋上油，加盖以小火续煮5分钟，熄火后焖焗15分钟，再开盖排入汆烫好的青菜即可。

瓜仔肉煲饭
Gua zai rou bao fan

材料
白米 ················· 155克（约量杯1杯）
绞肉 ················· 120克（肥:瘦＝3:7）
酱瓜 ·································· 100克
咸蛋黄（碎粒）···················· 1颗

腌料
生粉 ·································· 1小匙
蛋 ··································· 1/2颗
水 ···································· 30ml

调味料
水 ············· 240克（约量杯1杯半略少）
油 ···································· 1大匙

做法
1. 将酱瓜切碎，和绞肉、腌料一起混合均匀再摔打3分钟至有弹性。
2. 白米略洗净，泡水1小时后沥干。
3. 将做法2中泡好的米放入砂锅中，加水后加盖以大火煮开（若水满溢则将盖掀开或半开）。
4. 待做法3砂锅内水分烧干后转小火，开盖迅速铺上做法1的肉泥并稍微压成肉饼状。
5. 在砂锅内边淋上油，加盖小火续煮5分钟，熄火后焖焗15分钟，最后撒上咸蛋黄碎粒即可。

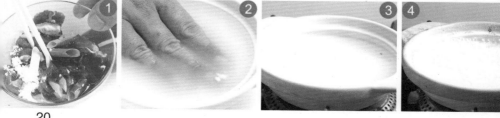

蚝油牛肉煲饭

Hao you niu rou bao fan

材料

白米	155克	姜	1小块
（约量杯1杯）		青菜	少许
牛肉片	130克		
鲜香菇	2朵		

腌料

蚝油	1大匙	糖	1/4小匙
生粉	1/2小匙	盐	1/4小匙
蛋汁	1/2颗	葱段	1/2支
水	20ml		

调味料

水	240克	油	1小匙
（约量杯1杯半略少）		酱油	1小匙

做法

1. 鲜香菇洗净、切片，姜去皮、切片，牛肉放入碗中，加入腌料拌匀后腌半小时，再加入香菇与姜拌匀。

2. 白米略洗净，泡水1小时后沥干，青菜洗净，切成适当大小后以滚水汆烫熟备用。

3. 将做法2泡好的米放入煲锅中，加水后加盖以大火煮开（若水满溢则将盖掀开或半开）。

4. 做法3砂锅续以大火煮至边缘冒出小水泡。

5. 将做法4砂锅开盖续煮至水分收干后转小火。

6. 沿做法5砂锅内边缘淋上油。

7. 将做法6砂锅开盖，迅速铺上做法1的材料。

8. 将做法7砂锅加盖小火续煮3分钟，开盖淋上酱油再加盖煮2分钟，熄火后焖焗15分钟，开盖排入汆烫好的青菜即可。

椒麻鸡丁煲饭

Jiao ma ji ding bao fan

材料

糙米 ·················· 155 克
（约量杯 1 杯）
鸡丁 ·················· 150 克
花椒粒 ·············· 10 克
青菜 ················ 少许

腌料

盐 ·················· 1/2 小匙
糖 ·················· 1/4 小匙
生粉 ················ 1/2 小匙
香油 ·············· 1/4 小匙
蛋白 ·············· 1/2 颗
葱花 ·············· 2 支

调味料

水 ················ 240 克
（约量杯 1 杯半略少）
油 ················ 1 小匙
酱油 ·············· 1 小匙

做法

1. 将花椒粒剁成碎末状；青菜洗净，切成适当大小后以滚水氽烫至熟。

2. 将鸡丁、做法 1 的花椒末及腌料一起放入碗中混合均匀。

3. 糙米略洗净，泡水 1 小时后沥干，放入砂锅中加入水，加盖以大火煮开，待砂锅内水分烧干后转小火，迅速铺上做法 2 的材料。

4. 将做法 3 砂锅边缘淋上油，加盖小火续煮 3 分钟，开盖淋上酱油再加盖煮 2 分钟，熄火后焖焗 15 分钟，开盖排入氽烫好的青菜即可。

鸡茸香菜煲饭

Ji rong xiang cai bao fan

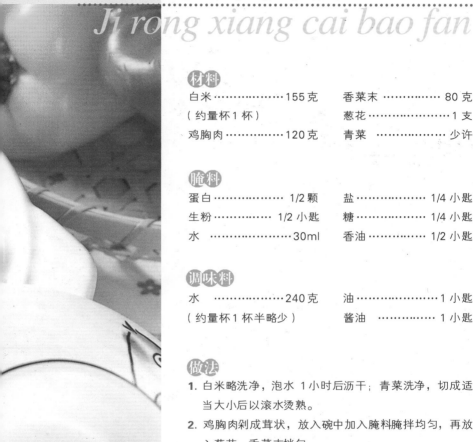

材料

白米	155克	香菜末	80克
（约量杯1杯）		葱花	1 支
鸡胸肉	120克	青菜	少许

腌料

蛋白	1/2颗	盐	1/4 小匙
生粉	1/2 小匙	糖	1/4 小匙
水	30ml	香油	1/2 小匙

调味料

水	240克	油	1 小匙
（约量杯1杯半略少）		酱油	1 小匙

做法

1. 白米略洗净，泡水 1 小时后沥干；青菜洗净，切成适当大小后以滚水烫熟。
2. 鸡胸肉剁成茸状，放入碗中加入腌料腌拌均匀，再放入葱花、香菜末拌匀。
3. 将做法1中泡好的米放入砂锅中，加水后加盖以大火煮开（若水满溢则将盖掀开或半开）。
4. 待做法3砂锅内水分烧干后转小火，开盖均匀铺上做法2腌拌好的材料。
5. 沿做法4砂锅边淋上油，加盖小火续煮3分钟，开盖淋上酱油再加盖煮2分钟，熄火后焖焗15分钟，开盖排入氽烫好的青菜即可。

沙茶牛肉煲饭

Sha cha niu rou bao fan

材料

白米 ················· 155 克	
（约量杯 1 杯）	
牛肉片 ············· 120 克	
洋葱丝 ··············· 50 克	
红辣椒丝 ··········· 1/2 条	
青菜 ···················· 少许	

腌料

蛋白 ················· 1/2 颗	
生粉 ············· 1/2 小匙	
水 ······················ 30ml	
盐 ················· 1/2 小匙	
糖 ················· 1/4 小匙	
香油 ············· 1/2 小匙	

调味料

水 ·················240 克	油 ··················· 1 小匙
（约量杯 1 杯半略少）	酱油 ··············· 1 小匙

做法

1. 白米略洗净，泡水 1 小时后沥干；青菜洗净，切成适当大小后以滚水汆烫熟。

2. 将牛肉切片，放入碗中加入腌料腌半小时，再放入洋葱丝及红辣椒丝拌匀。

3. 将做法 1 中泡好的米放入砂锅中，加水后加盖以大火煮开（若水满溢则将盖掀开或半开）。

4. 待做法 3 砂锅内水分烧干后转小火，开盖均匀铺上做法 2 腌拌好的材料。

5. 沿做法 4 砂锅边淋上油，加盖小火续煮 5 分钟，熄火后焖焗15分钟，开盖排入汆烫好的青菜即可。

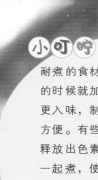

小叮咛

耐煮的食材可以在一开始白米的时候就加入，不但会使饭会更入味，制作步骤也更为简单方便。有些食材在久煮之后会释放出色素，也可配量与白米一起煮，使饭带点颜色会更具有特色。另外，要注意不要切得太大，太重的材料若先放，煮好后会沉入锅底看不见了。

银鱼煲饭

Yin yu bao fan

材料

白米 ·············· 155克
（约量杯1杯）

银鱼 ·············· 80克

油炸花生 ·········· 50克

葱丝 ·············· 1支

红辣椒丝 ·········· 少许

调味料

水 ················ 240克
（约量杯1杯半略少）

盐 ················ 1/2小匙

油 ················ 1大匙

胡椒粉 ············ 少许

做法

1. 白米略洗净，泡水1小时后沥干。

2. 银鱼洗净备用

3. 将做法1中泡好的米放入砂锅中，加入做法2的银鱼及水，加盖以大火煮开（若水满溢则将盖掀开或半开）。

4. 待做法3砂锅内水分烧干后转小火，沿砂锅边淋上油，加盖小火续煮5分钟。

5. 做法4砂锅熄火后焖焗15分钟，开盖撒上花生，排入葱丝及红辣椒丝即可。

煲饭时，最好尽量减少开盖的次数，才可以将香气完整地保留，让饭吸收越多香气，煲出来也就越好吃。不过若是初次制作，常会因为怕烧焦而频频揭盖，刚开始学习煲饭时要多留意不同阶段时的各种现象，例如初次煮开时砂锅边缘会出现小水泡、水煮干了会开始发出滋滋声。能够判断这些现象以后，不论要煮几人份都能正确掌握时间了。

咸菜蚵仔煲饭

Xian cai ke zai bao fan

材料

白米 ⋯⋯⋯⋯⋯ 155 克	蚵仔（即小生蚝）⋯ 300 克
（约量杯 1 杯）	姜丝 ⋯⋯⋯⋯⋯⋯ 20 克
咸菜 ⋯⋯⋯⋯⋯ 80 克	红辣椒末 ⋯⋯⋯⋯⋯ 1/4 条

腌料

盐 ⋯⋯⋯⋯⋯ 1/4 小匙	香油 ⋯⋯⋯⋯⋯ 1/2 小匙
生粉 ⋯⋯⋯⋯⋯ 1/2 小匙	胡椒粉 ⋯⋯⋯⋯⋯ 少许

调味料

水 ⋯⋯⋯⋯⋯ 240 克	油 ⋯⋯⋯⋯⋯ 1 大匙
（约量杯 1 杯半略少）	

做法

1. 白米略洗干净，泡水 1 小时后沥干。
2. 咸菜略洗后切碎；蚵仔以少许盐抓洗后冲净、沥干。
3. 将做法 2 处理好的材料放入碗中，加入姜丝、红辣椒末及腌料混合均匀。
4. 将做法 1 中泡好的米放入砂锅中，加水后加盖以大火煮开（若水满溢则将盖掀开或半开）。
5. 做法 4 砂锅内水分烧干后转小火，开盖均匀铺上做法 3 腌拌好的材料。
6. 沿做法 5 砂锅边淋上油，加盖小火续煮 5 分钟，熄火后焖焗 15 分钟即可。

素什锦煲饭
Su shi jin bao fan

材料

白米·············155克　　腐竹·············1 支
（约量杯 1 杯）　　　　红萝卜···········50 克
鲜香菇···········1 朵　　西兰花···········3 朵

调味料

水　·············240克　　油　·············1 小匙
（约量杯 1 杯半略少）　酱油·············1 小匙
盐 ·············1/2 小匙

做法

1. 白米略洗净，泡水 1 小时后沥干。

2. 将白米、腐竹以外的所有食材以滚水汆烫过，切成适
   当的大小；腐竹洗净泡软，沥干水分后切小段。

3. 将做法 1 中泡好的米放入砂锅中，加入所有材料及盐、
   水后加盖以大火煮开（若水满溢则将盖掀开或半开）。

4. 待做法 3 砂锅内水分烧干后转小火，开盖均匀铺上做
   法 2 腌拌好的材料。

5. 沿做法 4 砂锅内边淋上油，加盖小火续煮 3 分钟，开
   盖淋上酱油再加盖煮 2 分钟，熄火后焖焗 15 分钟即可。

蕃薯香芋煲饭

Fan shu xiang yu bao fan

材料

白米 ……… 155克
（约量杯1杯）
蕃薯 ………100克
芋头 ………100克
海苔 …………1片

调味料

水 …………240克
（约量杯1杯半略少）
盐 …………1小匙
油 …………1小匙
酱油 ………1小匙

做法

1. 白米略洗净，泡水1小时后沥干。

2. 蕃薯、芋头均洗净、去皮、切丁，海苔剪成小长条，备用。

3. 将做法1中泡好的米放入砂锅中，加入蕃薯、芋头及盐、水后加盖以大火煮开（若水满溢则将盖掀开或半开）。

4. 待做法3砂锅内水分烧干后转小火，沿砂锅内边淋上油，加盖小火续煮3分钟。

5. 将做法4砂锅开盖淋上酱油再加盖煮2分钟，熄火后焖焗15分钟，撒上海苔丝即可。

经典篇

不可不吃的
经典煲仔饭

经典口味的煲仔饭大多是以广式做法为主，材料用的可是最引人食欲的各式够味烧腊与干货，因此一碗小砂锅内的美味好料是你绝对不容错过的喔！

上海青煲饭

Shang hai qing bao fan

材料

白米 ··········	155 克
（约量杯 1 杯）	
咸肉（或金华火腿）·········	50 克
上海青 ··········	1 株

调味料

水 ··········	240 克
（约量杯 1 杯半略少）	
盐 ··········	1/4 小匙
糖 ··········	1/4 小匙
胡椒粉 ··········	少许
油 ··········	1 小匙

做法

1. 咸肉稍微冲洗后切成四方形的小片。

2. 上海青洗净，切成约 1 厘米小段备用。

3. 白米略洗净，泡水 1 小时后沥干，放入砂锅中加入水。

4. 将做法 1 中处理好的火腿放入做法 3 砂锅中。

5. 将做法 4 砂锅加盖以大火煮开，续以大火煮至边缘冒出小水泡时，加入水以外的调味料。

6. 再将做法 2 处理好的上海青放入做法 5 砂锅中，并稍微搅拌。

7. 将做法 6 砂锅续煮至水分收干后转小火。

8. 最后将做法 7 砂锅加盖小火续煮 5 分钟，熄火后焖焗 15 分钟即可。

梅子排骨煲饭

Mei zi pai gu bao fan

材料

白米 ················· 155 克　　水仙梅（梅渍）······ 4 颗
（约量杯 1 杯）　　　　　青菜 ····················· 少许
排骨 ················· 150 克

腌料

糖 ··················· 1 小匙　　酒 ················· 1/4 小匙
盐 ················· 1/4 小匙　　生粉 ············· 1/2 小匙
酱油 ············· 1/4 小匙

调味料

水 ·················· 240 克
（约量杯 1 杯半略少）

做法

1. 白米略洗净，泡水 1 小时后沥干；青菜洗净，切成适当大小后以滚水烫熟。

2. 排骨冲水 10 分钟除去异味，沥干后剁成小块，放入碗中加入腌料及水仙梅抓拌均匀（需将梅肉抓烂）腌30分钟。

3. 将做法 1 中泡好的米放入砂锅中，加水后加盖以大火煮开（若水满溢则将盖掀开或半开）。

4. 待做法 3 砂锅内水分烧干后转小火，开盖均匀铺上做法 2 腌拌好的排骨。

5. 沿做法 4 砂锅内边淋上油，加盖小火续煮 5 分钟，熄火后焖焗15分钟，开盖排入烫好的青菜即可。

窝蛋牛肉煲饭

Wo dan niu rou bao fan

材料

白米	155克	香菜末	2 支
（约量杯1杯）		葱花	1 支
牛绞肉	120克	蛋黄	1 颗

腌料

生粉	1/2 小匙	糖	1/4 小匙
蛋	1/2 颗	鲜鸡粉	1/4 小匙
盐	1/2 小匙	水	30ml

调味料

水	240克	油	1 小匙
（约量杯1杯半略少）		酱油	1 小匙

做法

1. 白米略洗净，泡水1小时后沥干。

2. 牛肉放入碗中加入腌料腌30分钟。

3. 将做法1中泡好的米放入砂锅中，加水后加盖以大火煮开（若水满溢则将盖掀开或半开）。

4. 待做法3砂锅内水分烧干后转小火，开盖均匀铺上做法2腌拌好的牛肉。

5. 沿做法4砂锅边淋上油，加盖小火续煮5分钟，熄火后焖焗15分钟，开盖淋上酱油、放上蛋黄并撒上香菜末及葱花即可。

马蹄肉饼煲饭

Ma ti rou bing bao fan

材料

胚芽米	155克	香菇	2朵
（约量杯1杯）		葱花	1支
马蹄	80克	青菜	少许
猪绞肉	120克		

腌料

生粉	1/2 小匙	酱油	1/4 小匙
蛋汁	1/2 颗	糖	1/4 小匙
水	20ml	盐	1/2 小匙

调味料

水	240克	油	1 小匙
（约量杯1杯半略少）		酱油	1 小匙

做法

1. 胚芽米略洗净，泡水 1 小时后沥干；马蹄以刀面拍成碎末状；香菇洗净，泡软后切丁；青菜洗净，切成适当大小后以滚水烫熟。

2. 将猪绞肉及腌料一起放入碗中混合均匀。

3. 将做法 2 腌拌好的猪绞肉摔打出筋性，再加入做法 1 除了米、青菜外处理好的材料混合均匀。

4. 将米放入砂锅中加入水，以大火煮开，待水分烧干后转小火，铺上做法 3 的材料并稍微压成饼状，砂锅边缘淋上油，加盖小火续煮 5 分钟，熄火焖焗15分钟，淋上酱油并撒上葱花，排入青菜即可。

免治牛肉煲饭

Mian zhi niu rou bao fan

材料

白米	155克	葱花	1支
（约量杯1杯）		香菜末	2支
牛绞肉	120克		

腌料

蛋汁	1/2颗	酱油	1/2小匙
盐	1/2小匙	生粉	1/2小匙
鲜鸡粉	1/4小匙	水	30ml
糖	1/2小匙		

调味料

水	240克	酱油	1小匙
（约量杯1杯半略少）		油	1小匙

做法

1. 白米略洗净，泡水1小时后沥干。

2. 将牛肉及腌料一起放入碗中混合均匀，再摔打出筋性。

3. 将做法1中泡好的米放入砂锅中，加水后加盖以大火煮开（若水满溢则将盖掀开或半开）。

4. 待做法3砂锅内水分烧干后转小火，开盖均匀铺上做法2腌拌好的牛肉并稍微压成饼状。

5. 沿做法4砂锅内边淋上油，加盖小火续煮5分钟，熄火后焖焗15分钟，开盖淋上酱油并铺上香菜末及葱花即可。

豉汁排骨煲饭
Chi zhi pai gu bao fan

材料

白米 ············· 155 克		蒜末 ·············· 10 克
（约量杯1杯）		葱段 ·············· 1 支
排骨 ············· 150 克		豆豉 ·············· 1 大匙
姜末 ·············· 20 克		青菜 ·············· 少许

腌料

生粉 ············· 1/2 小匙	酱油 ············· 1/2 小匙
酒 ············· 1 小匙	糖 ············· 1/2 小匙
盐 ············· 1/4 小匙	

调味料

水 ············· 240 克	油 ············· 1 小匙
（约量杯1杯半略少）	调味酱油 ············· 1 小匙

做法

1. 白米略洗净，泡水 1 小时后沥干；排骨冲水 10 分钟除去异味，沥干后剁成小块；豆豉切碎；青菜洗净，切成适当大小后以滚水烫熟。

2. 将做法1处理好的排骨及豆豉碎放入碗中，加入腌料、姜末及蒜末拌匀腌 30 分钟。

3. 将做法 1 中泡好的米放入砂锅中，加水后加盖以大火煮开（若水满溢则将盖掀开或半开）。

4. 待做法 3 砂锅内水分烧干后转小火，开盖均匀铺上做法 2 腌拌好的材料。

5. 沿做法 4 砂锅边淋上油，加盖小火续煮 5 分钟，熄火后焖焗15 分钟，开盖淋上酱油并放上葱段与氽烫好的青菜即可。

香菇滑鸡煲饭

Xiang gu hua ji bao fan

材料

白米	155克	姜片	2 片
（约量杯1杯）		葱段	1 支
棒棒腿（即鸡腿）	1 只	青菜	少许
香菇	3 朵		

腌料

蚝油	1 小匙	酒	1/2 小匙
盐	1/4 小匙	胡椒粉	少许
生粉	1/2 小匙		

调味料

水	240克	油	1 小匙
（约量杯1杯半略少）		调味酱油	1 小匙

做法

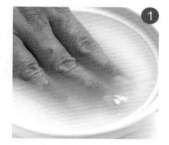

1. 白米略洗净，泡水1小时后沥干；青菜洗净，切成适当大小后以滚水烫熟。

2. 将棒棒腿洗净、剁小块，香菇洗净、泡软后切片，一起放入碗中，加入姜片及腌料拌匀腌30分钟。

3. 将做法 1 中泡好的米放入砂锅中，加水后加盖以大火煮开，待锅内水分烧干后转小火，开盖均匀铺上做法 2 腌拌好的材料。

4. 将做法 3 砂锅边缘淋上油，加盖小火续煮 3 分钟，开盖淋上酱油再加盖煮 2 分钟，熄火后焖焗15分钟，开盖排入氽烫好的青菜放上葱段即可。

洋葱鸡丁煲饭

Yang cong ji ding bao fan

材料

白米 ················ 155克	鲜香菇 ·············· 2 朵
（约量杯1杯）	洋葱丁 ·············· 30 克
棒棒腿 ················ 1 只	西兰花 ·············· 少许

腌料

蚝油 ·············· 1/2 小匙	豆瓣酱 ·············· 1/2 小匙
生粉 ·············· 1/2 小匙	糖 ·············· 1/2 小匙

调味料

水 ················ 240克	油 ·············· 1 小匙
（约量杯1杯半略少）	

做法

1. 白米略洗净，泡水1小时后沥干；西兰花洗净，切成适当大小后以滚水烫熟。

2. 将棒棒腿洗净、剁小块，香菇洗净、泡软后切片，一起放入碗中，加入洋葱丁及腌料拌匀腌30分钟。

3. 将做法1中泡好的米放入砂锅中，加水后加盖以大火煮开（若水满溢则将盖掀开或半开）。

4. 做法3砂锅内水分烧干后转小火，开盖均匀铺上做法2腌拌好的材料。

5. 沿做法4砂锅边淋上油，加盖小火续煮5分钟，熄火后焖焗15分钟，开盖排入余烫好的西兰花即可。

咸鱼肉饼煲饭

Xian yu rou bing bao fan

材料

白米	155克	香菇	1朵
（约量杯1杯）		姜末	20克
咸鱼	50克	葱花	1支
猪绞肉	120克	青菜	少许

腌料

盐	1/4小匙	蛋	1/2颗
生粉	1/2小匙	水	20ml
糖	1/4小匙	酒	10ml

调味料

水	240克	油	1大匙
（约量杯1杯半略少）		酱油	1小匙

做法

1. 白米略洗净，泡水1小时后沥干；咸鱼洗净沥干水分，放入烧热的油锅中炸至焦黄，青菜洗净，切成适当大小后以滚水烫熟。

2. 将做法1炸好的咸鱼切碎；香菇洗净，泡软后切丁。

3. 猪绞肉放入碗中加入腌料稍微腌一下，再放入姜末及做法2处理好的咸鱼与香菇拌匀。

4. 将做法1中泡好的米放入砂锅中，加水后加盖以大火煮开。待砂锅内水分烧干后转小火，开盖均匀铺上做法3腌拌好的材料，沿锅边淋上油，加盖小火续煮5分钟。熄火后焖焗15分钟，开盖淋上酱油、撒上葱花并排入余烫好的青菜即可。

腊肠鸡煲饭

La chang ji bao fan

材料

白米 ………… 155克（约量杯1杯）
腊肠 ……………………… 1条
鸡腿 ………………… 1/2只
香菇 ………………… 2朵
葱段 ………………… 1支
姜片 ………………… 2片
青菜 ………………… 少许

腌料

生粉 ………………… 1/2小匙
蚝油 ………………… 1小匙
胡椒粉 ………………… 少许

调味料

水 …… 240克（约量杯1杯半略少）
油 ………………………… 1小匙
调味酱油 ………………… 1小匙

做法

1. 白米略洗净，泡水1小时后沥干；青菜洗净，切成适当大小后以滚水烫熟。

2. 鸡腿洗净剁小块，香菇洗净泡软后切片，腊肠洗净切片。

3. 将做法2处理好的材料与葱段放入碗中，加入腌料拌匀后稍微腌一下。

4. 将做法1中泡好的米放入砂锅中，加水后加盖以大火煮开（若水满溢则将盖掀开或半开）。

5. 待做法3砂锅内水分烧干后转小火，开盖均匀铺上做法2腌拌好的材料。

6. 沿做法4砂锅边淋上油，加盖小火续煮3分钟，开盖淋上酱油再加盖以中火煮2分钟，熄火后焖焗15分钟，开盖排入汆烫好的青菜即可。

咖喱椰汁煲饭

Ga li ye zhi bao fan

材料

白米……………… 155克　　洋葱丁 …………… 50克
（约量杯1杯）　　　　　　红萝卜 …………… 30克
鸡腿肉 …………… 1/2 只　　西兰花 …………… 少许

腌料

咖喱粉 …………… 30克　　盐 ……………… 1小匙
生粉 …………… 1/2 小匙　　糖 ……………… 1/4 小匙

调味料

水 ……………… 240克　　椰奶 ……………… 50ml
（约量杯1杯半略少）

做法

1. 白米略洗净，泡水 1小时后沥干；西兰花洗净，切成适当大小后以滚水烫熟。

2. 鸡肉洗净、切小块，红萝卜去皮洗净、切小块，与洋葱丁一起放入碗中加入腌料拌匀稍微腌一下。

3. 将做法 1 中泡好的米放入砂锅中，加水后加盖以大火煮开。

4. 做法 3 砂锅内水分烧干后转小火，开盖均匀铺上做法 2 腌拌好的材料。

5. 沿做法 4 砂锅边淋上油，加盖小火续煮 3 分钟，开盖淋上酱油再加盖煮 2 分钟，熄火后焖焗15 分钟，开盖排上余烫的西兰花即可。

冬菜猪肝煲饭

Dong cai zhu gan bao fan

材料

白米 ·············· 155 克
（约量杯 1 杯）
猪肝 ·············· 120 克

冬菜 ·············· 30 克
葱丝 ·············· 少许
红辣椒丝 ·············· 少许

腌料

生粉 ·············· 1/2 小匙
胡椒粉 ·············· 少许

香油 ·············· 1/2 小匙

调味料

水 ·············· 240 克
（约量杯 1 杯半略少）

酱油 ·············· 1 小匙
油 ·············· 1 大匙

做法

1. 白米略洗净，泡水 1 小时后沥干。

2. 猪肝洗净后切片，放入碗中加入腌料拌匀稍微腌一下，再放入冬菜拌匀。

3. 将做法 1 中泡好的米放入砂锅中，加水后加盖以大火煮开（若水满溢则将盖掀开或半开）。

4. 待做法 3 砂锅内水分烧干后转小火，开盖均匀铺上做法 2 腌拌好的材料。

5. 沿做法 4 砂锅边淋上油，加盖小火续煮 5 分钟，熄火后焖焗 15 分钟，开盖排入葱丝及红辣椒丝即可。

香菇腊肉煲饭

Xiang gu la rou bao fan

材料

白米 ·················· 155克
（约量杯1杯）
广式腊肉 ············· 120克

香菇 ··················· 3朵
青菜 ··················· 少许

调味料

水 ················· 240克
（约量杯1杯半略少）

油 ··················· 1小匙
调味酱油 ············· 1大匙

做法

1. 白米略洗净，泡水1小时后沥干；青菜洗净，切成适当大小后以滚水烫熟。

2. 腊肉以滚水氽烫一下后切片；香菇洗净泡软后切片备用。

3. 将做法1中泡好的米放入砂锅中，加水后加盖以大火煮开（若水满溢则将盖掀开或半开）。

4. 待做法3砂锅内水分烧干后转小火，开盖均匀铺上做法2处理好的材料。

5. 沿做法4砂锅内边淋上油，加盖小火续煮5分钟，熄火后焖焗15分钟，开盖淋上调味酱油，排入氽烫好的青菜即可。

港式腊味煲饭

Gang shi la wei bao fan

材料

白米	155 克	腊肉	100 克
（约量杯 1 杯）		西兰花	少许
腊肠	1 条		

调味料

水	240 克	酱油	1 大匙
（约量杯 1 杯半略少）		油	1/2 小匙

做法

1. 白米略洗净，泡水 1 小时后沥干；腊肉及腊肠以滚水汆烫后沥干；西兰花洗净，切成适当大小后以滚水烫熟。

2. 将做法 1 汆烫好的腊肉及腊肠切片，香菇洗净泡软后切片。

3. 将做法 1 中泡好的米放入砂锅中，加水后加盖以大火煮开，待锅内水分烧干后转小火，开盖均匀铺上做法 2 处理好的材料。

4. 沿做法 3 砂锅边淋上油，加盖小火续煮 5 分钟，熄火后焖焗 15 分钟，开盖淋上调味酱油，排入汆烫好的西兰花即可。

咸鱼鸡粒煲饭

Xian yu ji li bao fan

材料

鸡腿肉	1/2 只	姜末	20 克
咸鱼	50 克	青菜	少许

腌料

生粉	1/2 小匙	酒	1/2 小匙
盐	1/4 小匙	香油	1/4 小匙
糖	1/4 小匙	胡椒粉	少许

调味料

油	1 小匙	调味酱油	1 小匙

做法

1. 白米略洗净，泡水 1 小时后沥干；咸鱼洗净沥干水分，放入烧热的油锅中炸至焦黄，沥干后切成小碎粒；青菜洗净，切成适当大小后以滚水烫熟。

2. 鸡腿洗净切小块，放入碗中加入姜末、腌料及做法 1 处理好的咸鱼拌匀稍微腌一下。

3. 将做法 1 中泡好的米放入砂锅中，加水后加盖以大火煮开（若水满溢则将盖掀开或半开）。

4. 待做法 3 砂锅内水分烧干后转小火，开盖均匀铺上做法 2 腌拌好的材料。

5. 沿做法 4 砂锅边淋上油，加盖小火续煮 3 分钟，开盖淋上酱油再加盖煮 2 分钟，熄火后焖焗 15 分钟，开盖排入氽烫好的青菜即可。

鱼片煲饭
Yu pian bao fan

材料

白米	155克	姜片	1 片
（约量杯1杯）		葱段	1 支
草鱼肉	120克	青菜	少许

腌料

生粉	1/2 小匙	盐	1/2 小匙
蛋白	1/2 颗	胡椒粉	少许
酒	1/2 小匙	香油	少许

调味料

水	240克	油	1 小匙
（约量杯1杯半略少）		调味酱油	1 小匙

做法

1. 白米略洗净，泡水 1 小时后沥干；青菜洗净，切成适当大小后以滚水烫熟。

2. 草鱼肉洗净切薄片，放入碗中加入姜片及腌料拌匀后，再稍微腌一下。

3. 将做法 1 中泡好的米放入砂锅中，加水后加盖以大火煮开（若水满溢则将盖掀开或半开）。

4. 做法3 砂锅内水分烧干后转小火，开盖均匀铺上做法 2 腌拌好的材料。

5. 沿做法 4 砂锅边淋上油，加盖小火续煮 3 分钟。开盖淋上酱油再加盖煮 2 分钟，熄火后焖焗15分钟，开盖撒上葱段，排入汆烫好的青菜即可。

虾米萝卜干煲饭

Xia mi luo bo gan bao fan

材料

白米	155 克	萝卜干	30 克
（约量杯 1 杯）		蒜末	20 克
虾米	20 克	红萝卜丁	30 克

调味料

水	240 克	油	1 小匙
（约量杯 1 杯半略少）		盐	1 小匙

做法

1. 白米略洗净，泡水 1 小时后沥干；虾米与萝卜干稍微冲洗干净，挤干水分。

2. 起一油锅烧热，先放入蒜末爆香，再放入做法 1 洗好的虾米与萝卜干以中小火炒出香味，再加入泡好的白米略炒匀后盛起。

3. 将做法 2 炒好的材料放入砂锅中，加入红萝卜丁及水后加盖以大火煮开（若水满溢则将盖掀开或半开）。

4. 待做法 3 砂锅内水分烧干后转小火，沿砂锅边淋上油，加盖小火续煮 5 分钟，熄火后焖焗 15 分钟，开盖撒上葱花即可。

咸鱼田鸡煲饭

Xian yu tian ji bao fan

材料

白米	155克（约量杯 1 杯）
咸鱼	40克
田鸡	120克
葱花	1 支
姜片	2 片
青菜	少许

腌料

生粉	1 小匙
盐	1/4 小匙
糖	1/4 小匙
香油	1/2 小匙
酒	20ml
胡椒粉	少许

调味料

水	240克
（约量杯 1 杯半略少）	
油	1 小匙
调味酱油	1 小匙

做法

1. 白米略洗净，泡水 1 小时后沥干；咸鱼洗净沥干水分，放入烧热的油锅中炸至焦黄，沥干后切碎；青菜洗净，切成适当大小后以滚水烫熟。

2. 将田鸡洗净剁小块，放入碗中加入姜片及腌料拌匀稍微腌一下，再放入做法 1 处理好的咸鱼拌匀。

3. 将做法 1 中泡好的米放入砂锅中，加水后加盖以大火煮开（若水满溢则将盖掀开或半开）。

4. 做法 3 砂锅内水分烧干后转小火，开盖均匀铺上做法 2 腌拌好的材料。

5. 沿做法 4 砂锅边淋上油，加盖小火续煮 5 分钟，熄火后焖焗15 分钟，开盖排入氽烫好的青菜与葱花即可。

香港 烧腊大观园

撰文／苏晓音、黄海云　　摄影／黄海云

香港人最爱在煲饭里放入美味鲜嫩的腊肉和鸡肉等，增添煲饭的营养和多变，当然那也是因为煲饭和烧腊这两样料理都可说是香港代表性的地方美食。现在就让我们来看看香港有哪些好吃得会令人上瘾的烧腊店家吧！

新界深井 "能记烧鹅饭店"

深井早在 20 世纪 60 年代便以售卖烧鹅出名，这样小的一个地方却有多家卖烧鹅的餐厅，其中已超过 40 年历史的 "能记饭店"，正是见证深井烧鹅兴盛的代表餐厅。

"能记" 是刘氏一家的生意。20 世纪 50 年代刘老伯从内地来到香港，在深井当小贩卖糖水起

家，后来兼做烧鸭，在 1962 年正式开店营业。70 年代香港经济起飞，市民富裕起来，有钱想吃得好一点，"能记" 便转卖成本较贵，但肉质香滑的烧鹅作主力食物，自此打响 "深井烧鹅" 大名，至今仍有不少人专程开车前来。环顾深井多家同类餐厅，"能记" 没有多么豪华，但是店内环境洁净，令顾客可以吃得舒服。烧鹅自是顾客必吃的招牌菜，另外还有多款地道港式及潮式小炒选择。

推荐商品：烧鹅

"能记" 在广东东莞设有自家农场，保证每天运送过来的鹅够新鲜，并一律选用约 45 天大、骨幼肉嫩的黑棕鹅，因为这最适合制作烧鹅。

黑棕鹅在清洁过后便放入秘制香料，然后放在炭炉烧烤。现很多餐厅已转用较简便的电炉烤鹅，惟 "能记" 依旧坚持采用传统以木炭炭烧的方法，师傅必须凭经验小心控制火候及时间，才能避免烤过头。不过炭烧却令烧鹅的外皮更香脆，也更能突出鹅的嫩滑肉味，成本是贵一点，但绝对值得。

湾仔"再兴烧腊饭店"

　　二次大战时已开始在港岛区一带卖烧腊的"再兴"，曾搬过数次家，最后在湾仔这里安定下来。虽然店址一再迁移，但"再兴"的烧腊水准半世纪以来却始终维持一定的水准，当中以叉烧最为出名。店主是周氏一家，至今已是第三代传承。

　　"再兴"的外貌平平无奇，装潢也毫不起眼，顾客层却上至高官明星，下至草根市民，消费便宜，人人吃得起；烧腊味道一流，而且食物用料落足本钱，难怪人人都爱光顾。每逢中午，小小的店子挤满来午膳的上班一族，不想排队等位的，惟有买个饭盒外卖吃；黄昏时候同样大排长龙，顾客齐来为晚餐"斩料"加菜。人流非常旺盛。高峰时期，一日更可以卖出500斤叉烧，十分厉害。

推荐商品：叉烧

　　来"再兴"不吃叉烧，无论如何也说不过去。采用上等的梅头肉，配以包括瑶柱、猪骨、大地等材料制成的叉烧汁，属"再兴"叉烧的好味道秘方。而且烧叉烧时没有加花红粉，使得叉烧完成后1斤只剩10两，比市面一般约剩12两更轻，代表烧出来的叉烧入口更香。

　　不止叉烧，就连叉烧饭的饭也是采用全香港最贵的金凤香米，价格不菲，成本更重，但售价却跟其他普通烧腊店价钱相差无几，不会将价就货，一律选用最好的材料，便宜又大碗。能够日卖500斤叉烧，自有其原因。

北角 "三悦饭店"

一般烧腊店卖的是白切鸡，因为贵妃鸡的制作过程较为繁复，所以贩售的多为酒楼。"三悦饭店"在20世纪70年代末起家，几位老板因为有朋友在广州开餐厅卖贵妃鸡，卖得不错，便采用朋友的秘方在香港开店。装潢属平民化酒楼，因此人人吃得起。

贵妃鸡跟白切鸡不同之处，在于多了一个"卤制"的过程，这令贵妃鸡多了一份特殊香味。"三悦"的贵妃鸡，秘诀在那包特制卤汁，混和了多种药材、虾米干，以及外国菜常用的香料（如八里香）等等，成就了"三悦"贵妃鸡独一无二的香味。来"三悦"的食客，指定要吃贵妃鸡，加上价钱不算贵，一天约能卖100只。

推荐商品：贵妃鸡

三悦饭店选用场项鸡做食材，这是来自香港农场养得最饱满的鸡种，比一般内地所饲养的农岗鸡、清远鸡肥大，每只约重3至4斤半，分量十足，肉质厚实而鲜滑。场项鸡在经过秘制卤汁浸过后，精华渗进鸡皮内。鲜黄的鸡皮轻轻滴出点点鸡油，味道香浓。而为求保持鸡的独有味道，卤汁必须"3日一小换，10日一全换"。未入口前，已先嗅得浓郁香气，咬一口，从鸡油慢慢渗出卤汁的香味，吃完后口腔仍留有余香。

九龙城 "潮州卤"

　　"潮州卤"于2004年4月才开业，但店主翁先生因师承曾开设卤水店的老爸，拥有最传统的卤水秘方，并且经他亲自改良后，没有从前卤水过咸的缺点。改变味道，翁先生坦言是为适应现今饮食潮流，不然便追不上时代步伐。自言是"新派卤水"的翁先生，说"潮州卤"不像旧式卤水店般忽略环境卫生，小店内的明亮灯光与崭新装修，令顾客买得安心，不用怕食物不洁净。食物一律采用新鲜货之余，更聘请来自潮州的卤水师傅。"师傅会用斜刀切卤味，这才是正宗潮州卤味的切法。"怪不得连潮州人都来这里吃卤味呢！

推荐商品：卤水鹅

　　狮头鹅与平头鹅皆是做卤水鹅的好食材，前者肉质较嫩滑，后者肉身较肥大。潮州卤水最重要是那独门炮制的卤水汁药包。不同餐厅有不同配方，形成味道分差。"潮州卤"的药包共有20多种配料，包括桂皮、花椒、八角、甘草等，甚至较罕见的蛤蚧头也有。把鹅放进卤汁内熬，醇香的卤汁与鹅的肉汁相互交替，形成所谓陈年卤水。但熬得太久会令卤汁变苦，因此药包每两天便要更换一次。

　　由于"潮州卤"的卤汁经改良调整，味道较淡，令鹅的肉味更突出，配合潮州师傅的斜片切法，令每块鹅片味道均匀，肉与皮比例恰当，吃进口刚刚好，不会肥腻。

煲仔饭 精致篇

也可以很精致的喔！

　　煲仔饭也可以精致得像五星级饭店的料理，当你偶尔想要体会煲仔饭的美学内涵或是要在家宴客，这里绝对让你耳目一新，大受感动。

腊味油鸭煲饭

La wei you ya bao fan

材料

白米 ············ 155克（约量杯1杯）
广式腊鸭腿 ·······················1只
姜丝 ·································适量
西兰花 ······························少许

调味料

水 ·····························240克
（约量杯1杯半略少）
油 ·······························1小匙
调味酱油 ························1小匙

做法

1. 白米略洗净，泡水1小时后沥干；西兰花洗净，切成适当大小后以滚水烫熟。

2. 腊鸭腿放入滚水中稍微汆烫一下后捞出沥干。

3. 将做法1中泡好的米放入砂锅中，加入腊鸭腿与水后加盖以大火煮开（若水满溢则将盖掀开或半开）。

4. 做法3砂锅内水分烧干后转小火，沿锅边淋上油，加盖小火续煮3分钟。开盖淋上酱油再加盖煮2分钟，熄火后焖焗15分钟，撒上姜丝并排入汆烫好的西兰花即可。

77

瑶柱排骨煲饭

Yao zhu pai gu bao fan

材料

白米 ……………… 155克		干干贝 …………… 30克
（约量杯1杯）		姜片 ……………… 1片31
排骨 …………… 150克		青菜 ……………… 少许

腌料

蚝油 …………… 1小匙	酒 ……………… 少许
糖 …………… 1/4小匙	生粉 ………… 1/2小匙

调味料

水 …………… 240克	油 ……………… 1小匙
（约量杯1杯半略少）	调味酱油 ………… 1小匙

做法

1. 白米略洗净，泡水1小时后沥干；干贝泡热水3小时，再放入蒸锅中以小火蒸30分钟；青菜洗净，切成适当大小后以滚水烫熟。

2. 排骨洗净剁小块后抓碎，放入碗中加入做法1中蒸好的干贝、姜片和腌料腌1小时。

3. 将做法1中泡好的米放入砂锅中，加水后加盖以大火煮开，待砂锅内水分烧干后转小火，开盖均匀铺上做法2腌拌好的材料。

4. 沿做法3砂锅边淋上油，加盖小火续煮5分钟，熄火后焖焗15分钟，开盖撒上少许姜丝并排入氽烫好的青菜即可。

XO 酱凤爪煲饭

XO jiang feng zhua bao fan

材料

白米 ·············· 155 克
（约量杯 1 杯）
鸡脚 ·············· 6 只
西兰花 ·············· 少许

腌料

XO 酱 ·············· 1 大匙
生粉 ·············· 1/2 小匙
糖 ·············· 1 小匙
酱油 ·············· 1/2 小匙
蒸鸡脚汤 ·············· 30ml

调味料

水 ·············· 240 克
（约量杯 1 杯半略少）
油 ·············· 1 小匙
调味酱油 ·············· 1 小匙

鸡脚蒸料

姜片 ·············· 2 片
葱段 ·············· 1 支
花椒 ·············· 5 克
八角 ·············· 2 颗
盐 ·············· 1/2 小匙
鲜鸡粉 ·············· 1/4 小匙
酒 ·············· 1/2 小匙

做法

1. 白米略洗净，泡水 1 小时后沥干；西兰花洗净，切成适当大小后以滚水烫熟。

2. 将鸡脚剁去趾尖，放入滚水中氽烫一下，捞起沥干后，再放入热油中炸至成褐色，捞起浸泡冷水。

3. 将做法 2 泡凉的鸡脚放入锅中，加入鸡脚蒸料（需淹过鸡脚）以中火蒸 45 分钟，取出后将鸡脚剁成两截放入碗中，加入腌料拌匀腌 1 小时。

4. 将做法 1 中泡好的米放入砂锅中，加水后加盖以大火煮开，待砂锅内水分烧干后转小火，开盖均匀铺上做法 2 腌好的材料。

5. 沿做法 4 砂锅边淋上油，加盖小火续煮 3 分钟，开盖淋上酱油再加盖煮 2 分钟，熄火后焖焗 15 分钟，开盖排入氽烫好的西兰花即可。

小叮咛

花胶，即鱼肚，昌鱼鳔的干制品，富胶质。

田鸡花胶煲饭

Tian ji hua jiao bao fan

材料

白米 ················· 155克
（约量杯1杯）
田鸡 ················· 100克
花胶 ················· 40克
（盐腌晒过的中卷）
姜片 ················· 少许
葱段 ················· 3段
青菜 ················· 少许

腌料

生粉 ············· 1/2 小匙
蚝油 ··············· 1 小匙
糖 ············· 1/4 小匙
酱油 ············· 1/4 小匙

调味料

水 ··············· 240克
（约量杯1杯半略少）
油 ··············· 1 小匙
调味酱油 ··········· 1 小匙

做法

1. 白米略洗净，泡水1小时后沥干；青菜洗净，切成适当大小后以滚水烫熟。

2. 花胶洗净切条状、田鸡洗净剁小块，一起放入碗中加入姜片及腌料拌匀腌一下。

3. 将做法1中泡好的米放入砂锅中，加水后加盖以大火煮开，待锅内水分烧干后转小火，开盖均匀铺上做法2腌拌好的材料。

4. 沿做法3砂锅边淋上油，加盖小火续煮3分钟，开盖淋上酱油再加盖煮2分钟，熄火后焖焗15分钟，开盖排入葱段及氽烫好的青菜即可。

双腿煲饭

Shuang tui bao fan

材料

白米 ················ 155 克
（约量杯 1 杯）

田鸡腿 ·············· 120 克

火腿 ··············· 40 克

青菜 ················ 少许

腌料

盐 ················· 1/4 小匙

糖 ················· 1/4 小匙

酒 ················· 1/2 小匙

生粉 ··············· 1/2 小匙

调味料

水 ················ 240 克
（约量杯 1 杯半略少）

油 ················ 1 小匙

调味酱油 ··········· 1 小匙

做法

1. 白米略洗净，泡水 1 小时后沥干；青菜洗净，切成适当大小后以滚水烫熟。

2. 田鸡腿洗净剁小块，火腿切小片，一起放入碗中加入腌料拌匀腌一下。

3. 将做法 1 中泡好的米放入砂锅中，加水后加盖以大火煮开（若水满溢则将盖掀开或半开）。

4. 做法 3 砂锅内水分烧干后转小火，开盖均匀铺上做法 2 腌拌好的材料。

5. 沿做法 4 砂锅边淋上油，加盖小火续煮 3 分钟，开盖淋上酱油再加盖煮 2 分钟，熄火后焖焗15分钟，排入余烫好的青菜即可。

麒麟鱼片煲饭

Qi lin yu pian bao fan

材料

白米 ……………▾…… 155克
（约量杯1杯）
香鱼（或任何新鲜鱼类）
……………………… 1条
金华火腿 ……………1块

香菇 ………………… 3朵
姜片 ………………… 1块
葱丝 ………………… 2支
红辣椒丝 ………… 1/2条
西兰花 …………………少许

调味料

水 ……………… 240克
（约量杯1杯半略少）

油 ………………… 1小匙
调味酱油 ………… 1小匙

做法

1. 白米略洗净，泡水1小时后沥干；香鱼洗净，从尾部沿骨头剖开取出鱼肉；西兰花洗净，切成适当大小后以滚水烫熟。

2. 将做法1取下的鱼肉切成约厚2厘米的鱼片，火腿切小片，香菇洗净泡软后切小片，依序将鱼肉片、香菇片、火腿片及姜片间隔排入小盘中。

3. 将做法1中泡好的米放入砂锅中，加水后加盖以大火煮开，待锅内水分烧干后转小火，开盖均匀铺上做法3排好的材料。

4. 将酱油淋在做法3排好的材料上，沿锅边淋上油，加盖小火续煮3分钟。开盖淋上酱油再加盖煮2分钟，熄火后焖焗15分钟，撒上葱丝及红辣椒丝，排入余烫好的西兰花即可。

土虱煲饭

Tu shi bao fan

材料

白米	············· 155 克	葱段	················ 1 支
（约量杯 1 杯）		青菜	··········· 少许
土虱	············ 150 克		

腌料

豆豉	············ 20 克	糖	············· 1/2 小匙
姜末	············ 10 克	生粉	··········· 1/2 小匙
蒜末	············ 10 克	酒	·············· 1 小匙
蚝油	··········· 1 小匙		

调味料

水	············· 240 克	油	················ 1 小匙
（约量杯 1 杯半略少）		调味酱油	········· 1 小匙

做法

1. 白米略洗净，泡水 1 小时后沥干；青菜洗净，切成适当大小后以滚水烫熟。

2. 土虱洗净剁小块，放入碗中加入腌料拌匀腌 30 分钟。

3. 将做法 1 中泡好的米放入砂锅中，加水后加盖以大火煮开（若水满溢则将盖掀开或半开）。

4. 做法 3 砂锅内水分烧干后转小火，开盖均匀铺上做法 2 腌好的土虱。

5. 沿做法 4 砂锅内边淋上油，加盖小火续煮 3 分钟，开盖淋上酱油再加盖煮 2 分钟，熄火后焖焗 15 分钟，撒上葱段并排入氽烫好的青菜即可。

养生鳝鱼煲饭

Yang sheng shan yu bao fan

材料

白米 ⋯⋯⋯⋯ 155 克	红凤菜⋯⋯⋯⋯⋯⋯3 棵
（约量杯 1 杯）	姜末 ⋯⋯⋯⋯⋯ 20 克
去骨鳝鱼⋯⋯⋯⋯3 条	

腌料

水 ⋯⋯⋯⋯⋯ 240 克	麻油 ⋯⋯⋯⋯⋯⋯1 小匙
（约量杯 1 杯半略少）	盐 ⋯⋯⋯⋯⋯⋯1/2 小匙

调味料

水 ⋯⋯⋯⋯⋯ 240 克	油 ⋯⋯⋯⋯⋯⋯ 1 小匙
（约量杯 1 杯半略少）	调味酱油⋯⋯⋯⋯ 1 小匙

做法

1. 白米略洗净，泡水 1 小时后沥干。
2. 鳝鱼洗净切小段；红凤菜洗净，摘取叶片。
3. 将做法 1 中泡好的米放入砂锅中，加入所有的材料与调味料，加盖以大火煮开（若水满溢则将盖掀开或半开）。
4. 做法 3 砂锅内水分烧干后转小火续煮 5 分钟，熄火后焖焗 15 分钟即可。

小叮咛

红凤菜，传统野生菜，富含磷、铁、蛋白质，具清热消肿、止血、生血功效。

金银蒜鲜虾煲饭

Jin yin suan xian xia bao fan

材料

白米 ·················· 155 克	蒜末 ··············· 40 克
（约量杯 1 杯）	葱花 ················· 少许
冷冻草虾 ·············· 5 只	

调味料

水 ··············· 240 克	油 ················· 1 小匙
（约量杯 1 杯半略少）	调味酱油 ·········· 1 小匙
盐 ·············· 1/4 小匙	

做法

1. 白米略洗净，泡水 1 小时后沥干；草虾洗净，稍退冰后摘除头部，用刀由头至尾剖开但不切断。

2. 取 20 克的蒜末放入热油锅中，以小火油炸至呈金黄色。

3. 将做法 2 炸好的蒜末放入碗中，加入另一半蒜末与盐、调味酱油混合均匀。

4. 将做法 1 中泡好的米放入砂锅中，加水后加盖以大火煮开，待锅内水分烧干后转小火，开盖均匀铺上做法 1 切好的虾，再淋上做法 3 调好的酱汁，沿锅边淋上油，加盖小火续煮 5 分钟，熄火后焖焗 15 分钟，撒上葱花即可。

墨鱼干蚝豉煲饭

Mo yu gan hao chi bao fan

材料

白米	155克（约量杯1杯）
墨鱼干	50克
蚝干	50克
发菜	少许
葱花	1支
青菜	少许

蒸料

葱段	1支
姜片	1片
酒	1小匙
盐	1/2小匙
花生油	1小匙

腌料

生粉	1/4小匙
蚝油	1小匙
糖	1/4小匙
酒	1/2小匙

调味料

水	240克
（约量杯1杯半略少）	
油	1小匙
调味酱油	1小匙

做法

1. 白米略洗净，泡水1小时后沥干；青菜洗净，切成适当大小后以滚水烫熟。

2. 将墨鱼干和蚝干泡水1小时，沥干后放入锅中，加入蒸料和发菜以中火蒸40分钟。

3. 取出做法2蒸好的蚝干和墨鱼切成适当的大小，放入碗中加入腌料拌匀腌渍备用。

4. 将做法1泡好的米放入砂锅中，加水后加盖以大火煮开，待锅内水分烧干后转小火，开盖均匀铺上做法3腌拌好的材料。

5. 沿做法4砂锅内边淋油，加盖小火续煮3分钟。开盖淋上酱油再加盖煮2分钟，熄火后焖焗15分钟，开盖撒上葱花并排入汆烫好的青菜即可。

图书在版编目（CIP）数据

38 道喷香煲仔饭 / 李德强著. —汕头：汕头大学出版社，2005.6（2007.6 重印）
（大厨家常菜）
ISBN 978-7-81036-842-1

I. 3… II. 李… III. 食谱—广东省 IV. TS972.142.65

中国版本图书馆 CIP 数据核字（2005）第 043675 号

38 道喷香煲仔饭

作　　者：	李德强
责任编辑：	廖醒梦　　李小平
责任校对：	张立琼
封面设计：	郭　炜
责任技编：	姚健燕　　李　行
出版发行：	汕头大学出版社
	广东省汕头市汕头大学内　　　邮　　编：515063
电　　话：	0754-2903126
印　　刷：	深圳大公印刷有限公司
开　　本：	889mm×1194mm　1/32
印　　张：	15
字　　数：	80 千字
版　　次：	2007 年 6 月第 2 版
印　　次：	2007 年 6 月第 1 次印刷
定　　价：	50.00 元（全 5 册）

ISBN 978-7-81036-842-1

发行 / 广州发行中心　通讯邮购地址 / 广州市天河北路 177 号祥龙阁 3004 室　　邮编 /510620
电话 /020-22232999　传真 /020-85250486
马新发行所 / 城邦（马新）出版集团
电话 /603-90563833　传真 /603-90562833
E-mail:citeckm@pd.jaring.my